1000 IDÉES

Le savon noir

Produit miracle et écologique pour entretenir toute la maison

Isabelle Louet

massin

Le savon noir

Produit miracle et écologique pour entretenir toute la maison

Isabelle Louet

MARIUS FABRE
DEPUIS 1900

SAVON NOIR
PRÊT À L'EMPLOI
À L'HUILE D'OLIVE
1900
MARIUS FABRE
EN PROVENCE
POUR LA MAISON
BASE VÉGÉTALE • SANS COLORANT
BIODÉGRADABLE
FABRIQUÉ EN FRANCE

Sommaire

400g
SAVON DE MARSEILLE BRUT*
À L'HUILE D'OLIVE
72% D'HUILE
SAVON NOIR À L'HUILE D'OLIVE
POUR LA MAISON
MARIUS FABRE
16.94 fl.oz
72%
EXTRA

HISTORIQUE

Digne héritier du savon d'Alep, cousin du savon de Marseille, le savon noir reprend aujourd'hui ses lettres de noblesse. Efficace pour tout nettoyer, de la maison au jardin, il est **100% naturel et biodégradable**. Découvrez **les origines** et **la composition** de ce produit miracle, dont **les secrets de fabrication artisanaux** sont perpétués de génération en génération dans les grandes familles de savonniers.

Petite histoire du savon

Si elle remonte à la nuit des temps, l'origine du savon reste floue. Certains attribuent son invention à une femme de pêcheur génois de Savone qui l'aurait créé, par hasard, en chauffant de la lessive de soude dans un vase qui, faute d'avoir été lavé, était encore imprégné d'huile d'olive. D'autres l'octroient aux Romains qui sacrifiaient des animaux au mont Sapo, à Rome. Les jours où la pluie drainait la graisse de ces animaux sacrifiés et les cendres de bois vers les rives argileuses du Tibre, les femmes, qui lavaient leur linge à cet endroit, prétendaient trouver ce dernier plus blanc que d'habitude. Nos ancêtres les Gaulois utilisaient un mélange de suif et de cendres. Les Sumériens, quant à eux, ont consigné sur des tablettes leurs secrets de fabrication dès 2200 avant Jésus-Christ. Pour obtenir cette pâte molle, lointaine ancêtre de notre savon actuel, ils mélangeaient de l'huile, de l'argile et des cendres. Mais, c'est à Alep, en Syrie, qu'un savon dur en forme de pain carré, fabriqué avec de l'huile d'olive, de l'huile de baies ou de feuilles de laurier, apparaît il y a 3500 ans. Un savon qui se répand en Occident grâce aux Croisés dès le XIe siècle. Au fil des ans et des siècles, la composition du savon s'améliore. La lessive de cendres a remplacé la cendre, la graisse végétale, et en particulier l'huile d'olive, la graisse animale.

Le savon débarque à Marseille

Au fil des croisades, au XIIe siècle, le savon d'Alep débarque à Marseille. Il transforme la vie économique de la cité phocéenne. Dès le XIIe siècle, la ville se lance dans la saponification, car elle possède toutes les matières premières à proximité. Les savonneries se multiplient. Au XVIIe siècle, Colbert, secrétaire de la Maison du roi Louis XIV, réglemente sa fabrication par un édit royal. « On ne pourra se servir dans la fabrique de savon, avec la barrille, soude ou cendre, d'aucune graisse, beurre ni autres matières ; mais seulement des huiles d'olives pures, et sans mélange de graisse, sous peine de confiscation des marchandises. » De même, pour assurer la fabrication d'un savon de qualité, les manufactures ne pouvaient en produire l'été à cause de la chaleur. Parce qu'il respecte cet édit, le savon de Marseille acquiert une réputation de qualité. Le traditionnel savon se présente sous forme d'un cube sur lequel sont gravés le nom de la savonnerie et la mention « 72 % d'huile ». Il faudra attendre le début du XIXe siècle pour que le processus de saponification soit codifié, puis conforté par le développement des analyses en laboratoire.

L'HEURE DE LA DIVERSIFICATION

En 1791, Nicolas Leblanc, un chimiste, met au point un procédé qui permet d'obtenir de la soude caustique à partir du sel de cuisine. Au XIXe siècle, d'autres huiles végétales comme celle d'arachide, de coprah ou de palme viennent compléter l'huile d'olive. Mais, au lendemain de la Seconde guerre mondiale, l'apparition des machines à laver et de leurs lessives de synthèse, le développement des grandes surfaces et le changement des habitudes de consommation, l'ouverture de savonneries dans d'autres régions du globe, marquent le déclin de l'industrie savonnière dans la région marseillaise.
Heureusement, à la fin du XXe siècle, le retour au naturel et la prise de conscience écologique remettent le savon artisanal au goût du jour.

UN SAVON, DES SAVONS

Des matières grasses (huile d'olive, de coprah, de lin), de la soude ou de la potasse, tels sont les ingrédients de base du savon. Mais, ensuite, les variétés sont multiples. Bien sûr, il y a le plus répandu et le plus vendu: le savon dur qui est à base de sodium. Il en existe de toutes les formes, de toutes les couleurs, aux multiples senteurs, aux multiples bienfaits (exfoliant, antiseptique...). Pour cela, il suffit de l'agrémenter de colorants, d'huiles essentielles, d'agents calcaires, etc. Il y a aussi le savon noir, à base de potassium, qui, un temps oublié, reprend des couleurs. Et puis il y a les détergents autres que des savons : les bases lavantes issues de dérivés du pétrole, les « savons sans savon », les poudres à laver de synthèse…

ET LE SAVON NOIR?

Deux variétés de savon noir existent, toutes deux fabriquées à base de potasse. La première, appelée aussi savon Beldi, est spécialement conçue pour les soins du corps et élaborée avec de la potasse et de la pulpe d'olives. Végétal, naturel, hypoallergénique, onctueux, mélangé à l'eau, il mousse peu, mais est un excellent émollient qui élimine les peaux mortes pour mieux réhydrater et régénérer la peau.

Et puis, il y a le savon noir d'entretien. Il est composé d'un corps gras qui peut être de l'huile d'olive, de lin, de noix, de tournesol…auquel on a ajouté de la potasse. Une composition qui le transforme en un excellent nettoyant, dégraissant, blanchissant, insecticide… naturel, écologique, respectueux de l'environnement. De quoi devenir un produit phare en cette époque où le naturel est tendance. D'autant qu'il est très économique.

SAVON NOIR
À L'HUILE D'OLIVE
POUR LA MAISON
500ml
MARIUS FABRE

Marius Fabre, une famille de savonniers

À l'aube du XXe siècle, en 1900, passionné par la saponification, Marius Fabre crée sa savonnerie. Il installe deux chaudrons et quelques mises dans le hangar de la maison familiale, à Salon-de-Provence. Véritable alchimiste, le jeune homme, alors âgé de 22 ans, jongle avec l'huile d'olive, la potasse et la soude. Savon noir, savon de Marseille, ses savons plaisent. Il développe des noms de marques originales «Le livre», «Le couteau», «La planète» ou encore «La concorde». Homme d'affaires averti, il décide de profiter des nouvelles techniques et technologies de ce début de siècle. L'arrivée du chemin de fer en 1873 a rapproché les régions de France les unes des autres. Marius accroît sa clientèle en tissant un important réseau de représentants et en développant la vente par correspondance.

Alors qu'il est mobilisé dès le début de la Grande Guerre, c'est sa femme, Marie, qui, pendant quatre ans, s'efforce de faire tourner l'entreprise, aidée par un vieux contremaître italien.

En 1927, la savonnerie est obligée de déménager... faute de place. Marius doit installer des chaudrons plus grands, pour satisfaire toutes les commandes. La maison acquiert l'ancienne fabrique Couderc et n'en bougera plus. La fabrication s'intensifie. Le jour, soixante-dix ouvriers s'affairent. La nuit, deux maîtres savonniers surveillent les chaudrons, accompagnés d'un chauffeur de chaudière. Deux camions descendent tous les jours à Marseille afin d'emmener les marchandises à quai et d'en remonter les matières premières.

Musée du savon de Marseille

Pour faire connaître l'histoire du savon de Marseille du Moyen Âge à nos jours, la famille Fabre a conservé les objets témoins de cette aventure: tampons en buis gravé, outils, premières mouleuses à savon, pochoirs pour caisses d'expédition, vieux emballages, papiers à en-tête, planches à laver... Un écomusée à découvrir tout en visitant la savonnerie qui dévoile toutes les méthodes de fabrication.

Savonnerie Marius Fabre

148, avenue Paul-Bourret - BP12
13651 Salon-de-Provence
04 90 53 82 75
www.marius-fabre.com

En 1938, Fernand, son fils aîné, lui succède. La Seconde Guerre mondiale éclate entraînant une importante pénurie de matières premières. L'apparition des machines à laver et des lessives, l'ouverture de savonneries extra-régionales et le développement des grandes surfaces dans les années 1950 accélèrent le déclin de l'industrie du savon. L'ensemble des savonniers marseillais est touché. Tant bien que mal, la savonnerie Marius Fabre réussit à surmonter les difficultés en innovant. Mieux, elle rachète, à la fin des années 1950, la marque « La Sainte Famille » à Marseille, bien connue pour son savon de Marseille pour le linge. Mais, alors qu'Henri, dernier fils de Marius, prend le relais de son frère Fernand à la tête de la savonnerie, les années 1970 sont encore une période difficile. La concurrence des produits dérivés de l'industrie pétrolière est rude pour le savon de Marseille, les habitudes de la clientèle changent. La savonnerie Fabre résiste et, dès la fin des années 1980, alors qu'Henri transmet le flambeau à sa fille cadette, Marie-Hélène, et à son gendre, Robert Bousquet, le retour au naturel et à l'authenticité augure des jours meilleurs pour le savon de Marseille. La vente à l'exportation se développe, conséquence de l'engouement pour un produit de renommée internationale.

En 2015, désormais aux mains des arrière-petites-filles de Marius, Marie et Julie Bousquet-Fabre, la savonnerie Marius Fabre fête son 115e anniversaire et continue à fabriquer des savons de Marseille et des savons noirs dans les règles de l'art, au cœur de Salon-de-Provence. Cuit en chaudron, le savon noir Marius Fabre est fabriqué selon une recette familiale. Sa formule unique à l'huile d'olive est brevetée par la savonnerie Marius Fabre.

Parce qu'elle s'attache à conserver la méthode de fabrication traditionnelle, la savonnerie Fabre a été reconnue Entreprise du Patrimoine Vivant.

SAVONNERIE
MARIUS FABR
1900

PETIT LEXIQUE DES PRODUITS INDISPENSABLES

Bicarbonate de soude, terre de Sommières, savon de Marseille, cristaux de soude... sont **les alliés du savon noir.** Ils complètent ou remplacent son action. La plupart sont écologiques, **biodégradables** et **non toxiques** pour l'environnement. Pratiques, **très bon marché**, ils sont en vente dans les drogueries ou les magasins de bricolage.

Acide citrique. Sans aucun danger, présent naturellement dans le citron, l'acide citrique est utilisé dans l'industrie alimentaire (c'est un additif), la médecine et la vie quotidienne. Biodégradable, non toxique pour l'homme, c'est un fongicide et un bactéricide. Cette poudre blanche se conserve des années et est idéale pour dissoudre le calcaire, la rouille, détruire les algues, les moisissures, les lichens... Mais, attention, l'acide citrique ne convient pas à l'émail, au marbre et à toutes les surfaces sensibles aux acides.

Alcool à brûler. Avec son odeur particulière, l'alcool à brûler ne sert pas seulement à allumer les réchauds à fondue. Mélange d'éthanol dénaturé et de méthanol, s'il est très efficace pour l'entretien des vitres, pour détacher le vinyle, l'acrylique et différentes colles synthétiques, il est toxique, inflammable et volatil. Il faut donc l'employer avec précaution, dans une pièce aérée, le conserver hors de portée des enfants et des animaux domestiques, ne jamais l'entreposer ou l'utiliser à proximité d'une flamme.

Alcool ménager. L'alcool ménager est de l'alcool à brûler dénaturé afin que son odeur soit moins forte. Dégraissant superpuissant, il s'utilise entre autres pour nettoyer et faire briller l'inox, les chromes, les carrelages, les miroirs, etc. S'il n'est pas nocif pour l'environnement, il est inflammable et il faut éviter de le vaporiser.

Alcool à 70 °. Antiseptique vendu en pharmacie, l'alcool à 70 ° est idéal pour enlever les taches d'encre, de résine, de vernis mais aussi pour bien nettoyer. Là encore, attention, s'il n'est pas nocif (ce n'est pas une raison pour en imbiber les jouets des enfants), il est inflammable et ne doit donc pas être manipulé près d'une source de chaleur. Évitez aussi de le vaporiser.

Ammoniaque. Solution aqueuse contenant entre 27 et 30 % d'ammoniac, voilà un produit qui était très prisé par nos grands-mères, même s'il fait partie des moins écolos et des plus toxiques. Il faut donc le manier avec précaution, avec des gants, le tenir hors de portée des enfants et des animaux domestiques et éviter de respirer son odeur irritante. Mais, pour venir à bout des taches en tout genre et sur la plupart des supports (tissu, papier peint, électroménager), il n'a pas son pareil. Toujours utilisé dilué avec de l'eau, il était plus souvent appelé « eau ammoniaquée » par nos grands-mères.

Bicarbonate de soude. Aussi appelé bicarbonate de sodium, il s'obtient à partir du natron. Mais le plus courant est élaboré avec de la craie et du sel. Biodégradable, il se présente sous forme de poudre blanche. Comestible, non toxique pour la santé ou pour l'environnement, sans odeur, sans conservateur, soluble dans l'eau, ses vertus sont multiples. Désodorisant, désinfectant, détachant, il s'utilise dans les domaines de l'hygiène, de l'alimentation, de la vie quotidienne.

- **Pour savoir si votre bicarbonate est encore efficace,** versez-en une cuillère à soupe dans un verre d'eau, ajoutez quelques gouttes de citron ou de vinaigre. Une effervescence se produit ? Il a encore toutes ses qualités.

Jouez la carte de la sécurité

N'essayez pas de gagner du temps en mélangeant des produits (Javel avec détartrant, par exemple). Le résultat serait décevant et, surtout, des réactions chimiques dangereuses (comme des émanations toxiques) pourraient se produire.

Ne posez jamais des produits dangereux à la portée des enfants et des animaux domestiques. Instaurez un placard « spécial produits ménagers ».

N'utilisez jamais des bouteilles d'eau traditionnelles pour garder d'autres liquides qu'ils soient toxiques ou non.

Blanc de Meudon ou d'Espagne. On l'appelle souvent blanc d'Espagne, par erreur, car la poudre blanche que l'on utilise pour entretenir les objets est, en réalité, du blanc de Meudon. Une confusion due au fait qu'autrefois on pouvait aussi acheter du blanc d'Espagne. Mais si les deux blancs ont la même apparence, leur composition est très différente puisque le blanc d'Espagne est un blanc d'argile alors que le blanc de Meudon est un blanc de plâtre. Aujourd'hui, le blanc d'Espagne est quasi introuvable donc, pas de panique, on vous donnera du blanc de Meudon même si vous demandez son cousin ! 100 % naturel, issu des carrières de craie du bassin parisien (Meudon), non toxique, biodégradable, le blanc de Meudon est une poudre blanche très fine, faiblement alcaline, un peu abrasive, contenant essentiellement des particules de carbonate de calcium. Mélangé à de l'eau, il se transforme en une pâte qui se révèle parfaite pour nettoyer les cuivres, l'étain, le marbre, les vitres, etc. Il sert aussi à augmenter la capacité couvrante des peintures.

Bouchon de liège. Frotter une tache sur du bois ciré ou sur du cuivre avec un bouchon de liège permet de la faire disparaître.

Citron. Vitaminé, antiseptique, assainissant, bactéricide, antioxydant, diététique, le citron est un fruit tout petit mais qui fait le maximum.

Cristaux de soude. Synthétisés à partir de sel marin et de craie, les cristaux de soude (ou de sodium) se présentent sous la forme de petits granulés blancs sans odeur. Biodégradables, sans danger pour l'environnement tout comme le bicarbonate auquel ils s'apparentent, ils peuvent parfois être irritants pour la peau. Aussi, mieux vaut mettre des gants de ménage pour les utiliser. Plus puissants que le bicarbonate, ils sont pratiques pour adoucir l'eau (leur PH est plus doux que celui du bicarbonate), nettoyer, désinfecter, déboucher, etc.

Dentifrice. Légèrement abrasif, le dentifrice est parfait pour enlever des taches, nettoyer les métaux, la semelle du fer à repasser, les joints de carrelage, etc. Choisissez un modèle simple, sans ajout de fluor ou autres compléments.

Essence de térébenthine. Obtenue par distillation de résines de différents arbres dont le pin maritime, le sapin (épicéa) ou le pistachier térébinthe (d'où elle tire son nom), l'essence de térébenthine est un solvant très efficace pour diluer les peintures, détacher, venir à bout des taches de matières grasses et des cires. Toutefois, elle est toxique, non soluble dans l'eau, irritante pour la peau et les yeux, et est inflammable. Aussi, faut-il l'utiliser avec précaution, loin de toute source de chaleur, dans une pièce bien aérée, mettre des gants, éviter de l'inhaler et la conserver hors de portée des enfants et des animaux domestiques.

- **Pour savoir si votre produit est passé,** versez une goutte d'essence sur un chiffon en coton ou du papier fin. Laissez sécher. S'il reste une auréole, c'est le cas. S'il ne reste rien, votre essence a conservé toute son efficacité.

Glycérine. Alcool épais, visqueux, inodore et transparent, non toxique, la glycérine (ou glycérol) est essentiellement connue parce qu'elle entre dans la composition de produits de beauté et, depuis peu, dans celle des liquides de cigarettes électroniques. Pourtant, utilisée comme produit ménager, elle nettoie et fait briller les miroirs, les robinetterie, etc. On la trouve en pharmacie ou dans les rayons beauté des supermarchés.

Percarbonate de sodium. Cette poudre blanche granulée, surnommée « eau oxygénée solide », est un mélange de carbonate de soude (qui compose lui-même les cristaux de soude) et d'eau oxygénée (appelée aussi peroxyde d'hydrogène). Antibactérien, désinfectant, non toxique, actif dès 30 °, il adoucit l'eau, dégraisse et détache, supprime facilement les moisissures et le brûlé des casseroles. Oxydant puissant, pour bénéficier de ses vertus, il faut respecter les consignes d'utilisation.

Pierre d'argile. Appelée aussi pierre d'argent, pierre blanche ou patatout, principalement composée de savon et d'argile blanche, la pierre d'argile ne contient aucun produit chimique. Présentée sous forme de pâte, antiseptique, elle est particulièrement efficace pour nettoyer l'inox, l'argenterie, pour supprimer les taches sur le cuir et pour raviver les joints de carrelage.

Pierre ponce. Roche volcanique légère, du fait de sa faible densité (elle flotte), la pierre ponce sert de poudre à récurer, de poudre pour polir la lame des couteaux. On l'utilise aussi pour poncer finement les bois vernis et, en beauté, pour éliminer les peaux mortes. Mélangée au savon noir, elle permet d'ôter facilement les taches d'encre et le cambouis. Très en vogue dans les années 1970, elle est ensuite tombée un peu en désuétude mais tend à revenir sur le devant de la scène.

Savon de Marseille. L'original est fabriqué à base d'huile d'olive, sans parfum, sans colorant, sans ajout, sans adjuvant de fabrication. Il s'utilise autant pour le ménage, la lessive que pour les soins du corps. Malheureusement, le savon de Marseille n'a jamais été protégé. Ni sur son nom, ni dans sa composition. Résultat, les usurpateurs, qui ajoutent des graisses animales, des colorants et autres adjuvants, qui les fabriquent hors de nos frontières, sont légions. Aussi, en attendant un label officiel, il faut veiller à en choisir un « origine garantie » estampillé de la marque collective de l'Union des Professionnels du Savon de Marseille, dont la savonnerie Marius Fabre est l'un des membres fondateurs.

Talc. On trouve deux sortes de talc sur le marché. Un minéral, essentiellement composé de silicate de magnésium, et un « synthétique » fabriqué par l'homme. Non nocifs, ils sont tous les deux des armes redoutables pour supprimer les taches grasses, faire briller la maison et aussi pour éviter que la peau ne se dessèche.

ATTENTION

Il est déconseillé de l'utiliser directement sur la peau des bébés, car il peut être source d'irritation.

Terre de Sommières. Vendue en poudre, cette argile 100 % naturelle et écologique, sans danger pour l'homme et l'environnement, est le secret de tous les teinturiers pour venir à bout des taches de gras qui font de la résistance.
Pour la petite histoire, cette terre tire son nom de la ville éponyme dans le Gard. Un paradoxe car le principal gisement se trouvait alors dans la Vienne, à Montmorillon ! Et si ce dernier est aujourd'hui épuisé, ce minéral a de l'avenir puisqu'on en a détecté sur Mars. Pour le moment, elle est extraite dans les environs de la ville de Fez, au Maroc.

Vinaigre blanc. Blanc d'alcool, de cristal ou ménager, quel que soit son nom, le vinaigre blanc est fabriqué industriellement par acétification d'alcool de betterave ou de maïs. À la maison et au jardin, il remplace tous les détergents, dégraissants et autres désherbants chimiques. Incolore, non toxique, il détartre, désinfecte, nettoie, etc. Seul inconvénient : son odeur, forte, persistante. Il pique les yeux (sans les irriter) mais, heureusement, s'évapore rapidement.

ATTENTION

Évitez de l'utiliser avec de l'eau de Javel, ce mélange dégage des vapeurs toxiques.

Naturfibre

ENTRETENIR LES TEXTILES

Elles nous empoisonnent la vie et gâchent nos plus beaux linges, vêtements et revêtements. Alors, **sus aux taches** ! Nos arrière-grands-mères en venaient à bout sans se prendre la tête, avec seulement un peu de **savon noir**, de citron et même de lait ! Alors, sans hésiter, adoptons **« la mamie attitude »** et copions leurs **astuces** ! Écolos, **faciles à mettre en œuvre**, ces recettes nous simplifieront la tâche.

SAVON NOIR
LIQUIDE
À L'HUILE D'OLIVE
1900
MARIUS FABRE
EN PROVENCE
NETTOYANT NATUREL
MULTI-USAGES
PROGRAMME
TEMPÉRATURE
VITESSE D' ESSORAGE
MARCHE
ARRÊT
SANS
ESSORAGE
ARRÊT
CUVE-PLEINE
NIVEAU
D'EAU ÉLEVÉ
WA 90
cuve inox

Fabriquer sa lessive

Le panier à linge déborde et c'est, comme par hasard, le jour où vous êtes en panne de lessive ? Qu'à cela ne tienne, pour 5 kg de linge de couleur, remplacez-la par trois cuillères à soupe de savon noir liquide à l'huile d'olive ou à l'huile de lin et sélectionnez votre programme habituel ; votre linge ressortira frais et sans tache.
Pour une lessive de blanc, n'hésitez pas à additionner une cuillère de bicarbonate de soude. Vous obtiendrez un linge plus blanc que blanc et, en bonus, cela ralentira l'encrassement de votre machine par le calcaire.

Astuces

- **Si votre linge est très sale,** ajoutez une poignée de cristaux de soude à votre savon noir, cela renforcera le pouvoir lavant.

- **Pour parfumer votre linge,** vous pouvez glisser dans le bac une cuillère à café d'huile essentielle (attention à ne pas la déposer directement sur un linge délicat, cela pourrait marquer).

- **Vous pouvez préparer votre lessive en avance** et la garder dans votre bidon habituel que vous aurez pris soin de bien rincer. Dans ce cas, mélangez 4 verres d'eau tiède avec 1 verre et demi de savon noir. Vous pouvez ajouter une demi cuillère à soupe de bicarbonate pour renforcer l'action désodorisante et détachante. Utilisez environ un demi verre (10 cl) à chaque lessive.

Attention

En raison de sa couleur foncée, le savon noir à l'huile d'olive peut légèrement teinter votre linge très clair. Faites un essai au préalable sur une petite surface.

SOIGNER LES TISSUS

Cuir. Riche en huile d'olive, le savon noir nettoie, entretient et nourrit les cuirs. Utilisez un chiffon non pelucheux, légèrement humidifié d'un mélange d'une cuillère à soupe de savon noir liquide pour un demi-litre d'eau. Ne frottez et n'appuyez pas trop fort, agissez par tamponnements. Le cuir retrouvera toute sa brillance.

Mise en garde

Par sécurité, effectuez toujours un test sur un coin caché de la pièce pour vous assurer qu'elle supporte le traitement. En cas de doute, stoppez et demandez conseil à un spécialiste.

Daim ou suédine. Savonnez la tache avec une éponge humide et imprégnée de savon noir. Tamponnez doucement. Absorbez ensuite avec du papier le surplus d'eau, puis passez un coup de brosse. Laissez sécher.

• **Pour faire partir les taches,** aidez-vous de la vapeur d'un fer à repasser ou de celle d'une bouilloire. Sous l'effet de la vapeur, les pores de la suédine vont s'ouvrir. Attention à ne pas approcher votre fer trop près de votre pièce et à ne pas le poser dessus, sous peine de brûler le tissu.

Nubuck. Tamponnez la tache avec un coton humecté d'un mélange d'eau et de savon noir liquide (une larme de savon pour deux tasses d'eau) ou de lait démaquillant doux et non parfumé. Cela ne suffit pas ? Ajoutez un peu d'eau ammoniaquée sur le coton. La tache est tenace et vos efforts restent vains ? Gommez-la délicatement avec un papier de verre fin. Attention à ne pas déborder trop de la zone.

Soie. À défaut de porter au pressing vos tenues en soie, lavez-les avec un mélange composé d'un litre d'eau tiède et de trois cuillères à soupe de savon noir liquide pour 5 kg de linge. Pour assouplir la soie et fixer la couleur, ajoutez une cuillère de vinaigre. Attention, n'essorez pas. Laissez sécher à l'air libre mais surtout pas au soleil. Repassez la soie légèrement humide ou utilisez une pattemouille.

• **Pour effacer des traces de maquillage,** saupoudrez la tache de terre de Sommières ou de talc. Laissez agir jusqu'à totale absorption, brossez le surplus. S'il reste des traces, renouvelez l'opération. La tache est trop incrustée ? Tamponnez-la délicatement avec un coton imprégné d'une larme d'eau ammoniaquée ou d'alcool à 90 °.

• **Pour enlever une tache de parfum,** tamponnez-la avec un chiffon propre et non pelucheux imprégné d'alcool à 90 ° mélangé à de l'eau.

• **L'encre du stylo bille** s'efface avec de l'alcool à brûler, du lait chaud ou de la laque pour cheveux.

Velours. Quelques soins réguliers et votre velours conservera toute sa fraîcheur. Pour enlever les salissures, frottez-le régulièrement avec une peau de chamois légèrement humidifiée. Pour un nettoyage plus en profondeur, utilisez une éponge imprégnée d'un mélange composé d'une cuillère de savon noir liquide et d'un litre d'eau tiède. Rincez à l'eau vinaigrée.

• **Pour raviver les couleurs,** frottez votre velours avec un chiffon légèrement imprégné d'ammoniaque. Laissez sécher, puis essuyez avec une peau de chamois. Vous pouvez accélérer le séchage avec du papier absorbant.

• **S'il reste les traces d'une tache,** malgré vos tentatives, effacez-les au papier de verre très fin.

LIQUIDE
NATUREL

SAVON NOIR
LIQUIDE

SUS AUX TACHES

Beurre. Recouvrez la tache avec une noisette de savon noir en pâte. Laissez agir une quinzaine de minutes (toute une nuit, si la tache est très ancienne). Le savon noir va absorber le gras. Rincez à l'eau claire, puis effectuez ensuite un lavage à la machine à laver.

Café. Humidifiez légèrement la tache, puis frottez-la avec un peu de savon noir avant de passer le linge en machine.

• **La tache fait de la résistance ?** Frottez-la avec un mélange d'eau vinaigrée et d'alcool.

Cambouis. Retirez-en un maximum en raclant délicatement avec une spatule ou un couteau. Si besoin, ramollissez la tache avec une noix de beurre. Laissez absorber, retirez le surplus avec la lame d'un couteau, puis épongez avec du papier absorbant. Savonnez ensuite avec du savon noir et rincez à l'eau claire.

• **Si la tache résiste,** tamponnez-la délicatement avec un chiffon imbibé de white-spirit.

Cerise. Utilisez du lait ! Tamponnez la tache avec un chiffon non pelucheux imprégné de lait et laissez agir pendant au moins deux heures. Rincez ensuite avec un mélange d'eau tiède et de savon noir, puis rincez à l'eau claire.

• **Sur la laine et le coton,** cerises et mûres ne résisteront pas à un mélange d'alcool à 90 ° et d'eau, en quantité égale. Tamponnez les taches délicatement. Attention, l'alcool à 90 ° est à proscrire sur les vêtements en fibres synthétiques et artificielles.

Champagne. Bonne nouvelle, ce nectar pétillant ne tache pas ! Un peu d'eau et il n'y paraîtra plus.

Chewing-gum. Trouver un chewing-gum sur un vêtement, et c'est le désespoir. Pour le retirer sans peine et sans laisser de trace, utilisez un fer à repasser. Placez un papier absorbant sur la tache et repassez dessus. Sous l'effet de la chaleur, le chewing-gum va se ramollir et coller au papier absorbant. Changez régulièrement le papier et répétez l'opération jusqu'à disparition complète de la tache.

• **Et le glaçon ?** Oubliez ! Enlever un chewing-gum sur un jean en le frottant avec un glaçon est un désastre assuré. Les filaments durciront dans les fibres et deviendront impossibles à retirer. De plus, vous enlèverez davantage la couleur que le chewing-gum et votre jean arborera alors une trace blanche indélébile. Plus efficace, pour durcir l'objet du délit : le sac plastique. Remplissez-en un de glaçons, posez-le sur le chewing-gum environ 30 minutes. Une fois ce dernier durci, vous pourrez l'enlever avec la lame plate d'un couteau. Renouvelez l'opération si besoin.

• **Le chewing-gum a laissé une tache colorée** malgré tous vos efforts ? Frottez-la avec du dentifrice à l'aide d'une brosse à dents. Une tache grasse ? Nettoyez-la délicatement avec un chiffon mouillé au savon noir. Sur un tissu synthétique, préférez le jus de citron et, sur un linge délicat, appliquez de la glycérine* et laissez agir une demi-heure. Quelle que soit la solution, rincez soigneusement à l'eau chaude.

** Essayez toujours sur un morceau caché du tissu.*

ATTENTION

Ôtez le chewing-gum avant de passer votre linge en machine sous peine de le fixer définitivement sur le vêtement et d'en contaminer les autres.

Chocolat. Un petit coup de chiffon imprégné d'eau savonneuse (obtenue avec de l'eau tiède et du savon noir) et, le plus souvent, cette tache ne sera plus qu'un mauvais souvenir. Si le chocolat est trop incrusté, tamponnez-le avec du vinaigre blanc ou de l'eau ammoniaquée.

• **Pour enlever une tache de chocolat au lait,** versez dessus de l'eau gazeuse, laissez absorber, puis épongez au maximum avec du papier absorbant. Tamponnez ensuite délicatement avec de l'alcool à 90 °. Déposez enfin une noisette de savon noir en pâte sur la tache, puis passez au lave-linge.

Cirage. Grasses et colorées, les taches de cirage sont insidieuses car elles s'incrustent dans les fibres comme une teinture. Alors, sauf si le tissu est trop fragile, frottez la tache avec une brosse à dents enduite de savon noir en pâte, puis rincez à l'eau gazeuse. Passez ensuite au lave-linge.

• **Vous n'avez plus de savon noir ?** Saupoudrez la tache de bicarbonate de soude. Laissez absorber, puis tamponnez avec un chiffon humecté de vinaigre blanc.

Cire. Inutile de vous précipiter pour enlever la cire dès qu'elle est tombée sur un tissu, vous ne feriez qu'aggraver la situation en l'étalant. Prenez votre mal en patience et laissez-la sécher. Une fois durcie, ôtez le maximum de cire avec la lame d'un couteau. Déposez du papier absorbant sur la partie restante et passez dessus le fer à repasser. Sous l'effet de la chaleur, la cire va se coller au papier absorbant. Changez régulièrement de papier et renouvelez l'opération jusqu'à ce que tous les morceaux de cire soient partis.

• **Il reste une auréole grasse ?** Pas de problème. Saupoudrez-la de terre de Sommières. Patientez jusqu'à totale absorption, époussetez et renouvelez l'opération si nécessaire. Frottez ensuite avec un peu de savon noir en pâte, rincez, puis passez au lave-linge.

Feutre. Tamponnez avec un papier absorbant imprégné d'eau savonneuse (mélange d'eau et de savon noir liquide) ou d'alcool jusqu'à disparition de la tache. Pour les lainages, faites de même avec le jus d'un citron. Rincez le tout et mettez à la machine.

Fruits rouges. Versez un jus de citron sur la tache qui devrait disparaître. Si elle résiste, recouvrez-la d'une noisette de savon noir en pâte. Laissez agir quelques minutes, frottez, puis passez à la machine.

Herbe. Enduisez de savon noir les traces d'herbe, attendez une dizaine de minutes, puis effectuez un lavage en machine.

• **Sur du coton blanc,** vous pouvez frotter la tache avec un chiffon non pelucheux imprégné d'un jus de citron, alors que, sur du coton coloré, il vaut mieux utiliser un peu d'alcool à brûler.

Orange. Frottez la tache avec un chiffon imbibé d'eau tiède mélangée à du savon noir liquide ou imbibez-la de glycérine tiède avant de rincer à l'eau claire.

Pêche. Déposez de la glycérine sur la tache et laissez agir au moins une heure. Lavez ensuite à l'eau savonneuse (un mélange d'eau et de savon noir), puis rincez à l'eau claire.

Rouge à lèvres. Frottez la tache avec de l'alcool à 90 ° ou avec de l'eau additionnée de vinaigre blanc (un mélange 2/3, 1/3).

ATTENTION

Le rouge à lèvres part très bien avec du démaquillant, mais ce dernier est ensuite difficile à enlever.

Rouille. Versez du gros sel sur la tache. Frottez le tout avec un demi-citron que vous presserez progressivement pour en extraire le jus. Le sel absorbera le jus acide du citron et provoquera une réaction chimique qui fera disparaître la rouille.

Exigez
le savon de Marseille
MARIUS FABRE
EN VENTE ICI

Sang. Contrairement aux idées reçues, les taches de sang s'estompent facilement à condition d'agir vite. Imbibez la tache d'eau gazeuse, puis épongez avec du papier absorbant. Si une auréole demeure, trempez le linge dans de l'eau salée ou vinaigrée. Lavez ensuite avec du savon noir, puis rincez à l'eau claire. Si la tache résiste encore, frottez-la avec du dentifrice avant de passer le linge en machine.

Terre battue. Laissez sécher la terre, puis brossez le tout. Si les taches ont été mouillées ou s'il persiste des traces, nettoyez-les avec un mélange composé d'une cuillère à soupe de savon noir, d'une cuillère à soupe de vinaigre blanc et d'un litre d'eau tiède. Frottez doucement. Rincez à l'eau claire ou à l'aide d'un linge humide. Si des traces subsistent, recommencez en utilisant davantage de vinaigre.

- **Vous pouvez remplacer le vinaigre blanc** par un jus de citron.

- **Les traces orangées subsistent** malgré toutes vos tentatives ? Tamponnez-les avec un chiffon imbibé d'ammoniaque. N'oubliez pas de rincer.

Thé. Sur du coton, si la tache est encore humide, nettoyez-la rapidement avec de l'eau savonneuse (une cuillère à soupe de savon noir pour un litre d'eau tiède). Rincez à l'eau vinaigrée (mélange 2/3, 1/3). Si la tache est sèche, tamponnez-la avec un chiffon non pelucheux imbibé d'un mélange composé à part égale de vinaigre blanc et d'alcool à 90 °.

- **Sur les tissus synthétiques,** appliquez de la glycérine tiédie, laissez agir quelques minutes, puis rincez. Pour enlever une tache incrustée, faites tremper cinq à dix minutes (agissez à l'œil) le linge dans un mélange d'eau tiède additionnée de vinaigre blanc avant de la frotter avec une noix de savon noir. Rincez.

- **Sur de la laine,** tamponnez les taches avec un linge imbibé de jus de citron. N'oubliez pas de rincer.

Tomate. Pour supprimer les taches récentes, tamponnez-les délicatement avec un chiffon non pelucheux imprégné de lait. Épongez le surplus avec du papier absorbant, puis rincez à l'eau claire. Lavez ensuite au savon noir, puis rincez de nouveau.

• **Vous pouvez remplacer le lait** par de l'alcool à brûler que vous aurez préalablement dilué.

Urine. Bébé a fait des siennes ? Aucun souci, si la tache est encore humide, tache et odeur disparaîtront rapidement si vous saupoudrez de talc. Laissez sécher jusqu'à totale absorption, puis retirez le surplus à la brosse. Lavez ensuite au savon noir liquide. La tache est plus ancienne ? Préparez un mélange eau-ammoniaque en quantité égale, imprégnez-en un chiffon non pelucheux, puis tamponnez la tache.

• **Sur un tissu blanc,** frottez la tache avec un chiffon imprégné d'eau oxygénée, rincez, puis passez le linge en machine. Vous pouvez remplacer l'eau oxygénée par une pâte composée de cristaux de soude et d'un peu d'eau. Appliquez sur la tache, laissez agir une dizaine de minutes avant de frotter et de rincer à l'eau chaude.

• **Sur un tissu délicat,** tamponnez la tache avec un linge humecté de vinaigre blanc, puis lavez le tout en machine.

• **Sur le similicuir,** nettoyez avec une boule de coton imbibée de pierre d'argile additionnée d'une goutte de vinaigre blanc, rincez, puis essuyez avec un chiffon en microfibre.

• **Sur du daim,** frottez la tache avec une brosse souple et des cristaux de soude dilués dans un peu d'eau. Éliminez immédiatement cette mixture avec un chiffon non pelucheux humide. Laissez sécher. Si une odeur subsiste, mélangez du talc avec du bicarbonate de soude et massez par mouvements circulaires le daim détaché. Laissez agir une nuit avant de brosser.

Attention

Prenez garde à faire un test sur une partie cachée, pour vérifier que le daim supporte le produit. Au moindre doute, remplacez les cristaux de soude par du bicarbonate.

Vomi. Pour éviter que l'odeur ne perdure, nettoyez la tache avec soin et en profondeur. Arrosez-la avec de l'eau gazeuse. Laissez imprégner, les bulles vont décoller le vomi des fibres. Nettoyez ensuite avec du papier absorbant. Frottez avec une brosse imprégnée de vinaigre ou d'ammoniaque. Rincez, puis, si possible, passez à la machine à laver avec du savon noir.

• **Si l'odeur persiste,** recouvrez la zone de la tache avec du bicarbonate de soude. Laissez agir toute une nuit, avant d'épousseter ou de passer l'aspirateur.

CHASSER LES PARASITES

Acariens. Passez régulièrement l'aspirateur sur les matelas et sommiers. Une fois par mois, dépoussiérez-les, puis déposez au pied du matelas, trois à quatre gouttes d'huile essentielle de margousier (ou feuilles de frêne), de lilas de Perse ou lilas des Indes. Réputées actives contre plus de 200 insectes et contre les acariens, ces huiles joueront parfaitement leur rôle d'insecticide 100 % naturel et inoffensif pour l'homme et les animaux.

Mites. Ces petits papillons blancs sont peut-être inoffensifs pour l'homme mais, pour nos vêtements, leurs larves sont des monstres. Nichées dans nos plus beaux atours, elles en grignotent toutes les fibres et nous laissent des trous en échange. Le savon de Marseille est sans égal pour faire fuir les mites ! Suspendez-en une tranche dans votre penderie et vous serrez débarrassé de ces nuisibles. Vous pouvez également déposer dans vos armoires un bas en Nylon que vous remplirez de feuilles de laurier-sauce ou de thym. L'huile essentielle de thym ou d'eucalyptus est aussi efficace. Il suffit d'en déposer quelques gouttes sur un jeton d'apothicaire ou une pierre en argile blanche (qui absorbera le produit). Vous pouvez aussi piquer une orange de clous de girofle.

- **Pendant les mois d'été (juillet et août),** époque de la ponte, prenez le temps de secouer vos pulls et autres vêtements, puis brossez-les.

DU SOL AU PLAFOND

Du **savon noir liquide ou en pâte** et ses **indispensables alliés** (bicarbonate, citron, marc de café, terre de Sommières, savon de Marseille), une éponge, un chiffon, sans oublier une dose d'huile de coude : vous voilà paré pour nettoyer en profondeur toute votre maison, du sol au plafond. Très efficace pour **désinfecter, nourrir et faire briller votre intérieur,** ce produit miracle, naturel et économique, n'a pas fini de vous surprendre !

LIQUIDE
MARIUS FABRE

MATÉRIAUX ET OBJETS PRÉCIEUX

Argenterie. Faute de les utiliser régulièrement, les couverts de la ménagère de votre grand-mère ont noirci. La raison ? Ils se sont oxydés en restant à l'air libre (ou par contact avec des œufs durs). Pour leur redonner brillance et éclat, pas la peine de les frotter pendant des heures, laissez-les tremper 5 minutes dans une bassine d'eau tiède additionnée de quatre cuillères à soupe de savon noir liquide. Nettoyez les ciselures avec une brosse à dents souple. Inutile de rincer, mais séchez-les, puis essuyez-les avec un chiffon doux non pelucheux. Impossible de laisser tremper votre chandelier en argent avec sa bougie imitation cire ? Frottez la partie en argent avec une noix de savon noir en pâte et une éponge humide, puis faites briller avec un chiffon doux.

Astuces

• **S'en servir régulièrement constitue le meilleur entretien** pour votre argenterie. Pour éviter une oxydation rapide, tenez-les à l'abri de l'air et de la lumière en les enveloppant dans du papier de soie, du papier journal ou de la feutrine noire.

• **Rangez les salières** en prenant soin d'enlever la cuillère en argent, car le sel attaque l'argent.

• **Si une tache d'œuf peine à partir,** frottez-la avec un demi-citron, puis rincez à l'eau claire.

• **Si vos couteaux ont des manches en bois,** cirez-les régulièrement pour éviter qu'ils n'éclatent. S'ils sont en ivoire, nettoyez-les avec un peu d'eau ammoniaquée.

Bronze. Ferrures, pieds de meuble, objets divers : pour entretenir au quotidien vos bronzes, nettoyez-les avec un chiffon non pelucheux imprégné d'eau savonneuse (une cuillère à soupe de savon noir pour un litre d'eau tiède). Inutile de rincer, mais séchez et faites briller. Vos bronzes sont très encrassés ? Essayez les cristaux de soude. Une cuillère à soupe diluée dans un litre d'eau chaude. Frottez en insistant avec un chiffon doux, puis rincez avec une éponge à l'eau claire. Vous pouvez remplacer les cristaux par du vinaigre blanc.

Astuces

• **Pour redonner à vos objets un éclat incomparable,** utilisez de la pâte de haricots secs ou de fèves. Faites cuire les haricots ou les fèves, puis réduisez-les en bouillie. Passez-les au tamis. Laissez légèrement refroidir. Passez cette pâte au chiffon non pelucheux sur le bronze. Essuyez et laissez sécher dans de la sciure de bois ! Pas très facile, on vous l'accorde. Alors, plus simple, frottez-le avec une brosse à dents imprégnée de jus de citron. Rincez soigneusement à l'eau claire, puis lustrez avec de la cire d'abeille pour faire briller.

• **Pour enlever le vert-de-gris,** frottez le bronze avec un chiffon imprégné d'une cuillère à soupe de vinaigre d'alcool mélangé à une pincée de sel fin.

Attention

N'utilisez jamais le côté abrasif d'une éponge sous peine de rayer vos merveilles.

Cuivre. Il est facile de redonner de la brillance à tous vos cuivres ! Soit vous les laissez tremper 5 minutes dans une bassine d'eau tiède additionnée de quatre cuillères à soupe de savon noir liquide, soit vous les frottez avec une éponge humide non abrasive imprégnée d'une noix de savon noir. Inutile de rincer. Faites tout briller avec un chiffon doux.

Étain. Frottez vos objets en étain avec des feuilles de chou cru, puis faites-les briller en les essuyant avec un chiffon doux.

- **Pour ôter les traces de corrosion,** frottez-les délicatement avec un morceau de laine d'acier extrafine (une plus épaisse rayerait) trempée dans de l'huile d'olive ou toute autre huile végétale.

Piano. Pour lui redonner de la brillance, époussetez-le avec un chiffon non pelucheux humidifié d'un mélange composé de deux cuillères à soupe d'huile d'olive, du jus d'un demi-citron, de deux cuillères à soupe d'essence de térébenthine et d'une cuillère d'alcool ménager. Séchez avec un chiffon sec non pelucheux, le tour est joué.

Pinceaux. Que vous les utilisiez pour peindre des murs ou pour réaliser des chefs-d'œuvre, préservez vos pinceaux. Pour les nettoyer et leur rendre toute leur souplesse, avant de les rincer à l'eau claire, laissez-les tremper une quinzaine de minutes dans un bol d'eau chaude additionnée de savon noir.

- **Pour renforcer l'efficacité du savon noir,** vous pouvez ajouter quelques pincées de bicarbonate de soude.

- **Vos pinceaux sont déjà secs ?** Faites-les tremper dans un mélange d'eau et de vinaigre blanc bouillant. L'acidité du vinaigre dissoudra et ôtera tout résidu de peinture et redonnera de la souplesse aux poils. Rincez-les ensuite à l'eau claire, puis enfermez-les dans des sacs en plastique pour les empêcher de sécher.

- **Pour éviter la perte de poils,** avant une première utilisation, faites-les tremper une nuit dans de l'eau tiède.

Porcelaine. Pour éliminer les taches de thé ou de café sur des tasses ou des soucoupes, frottez-les délicatement avec une éponge non abrasive imprégnée d'un mélange composé à moitié de sel fin et à moitié de vinaigre blanc. Vous pouvez aussi les laisser tremper dans une bassine d'eau tiède dans laquelle vous mettrez deux comprimés détartrants pour appareils dentaires.

Tableau. Que sa valeur soit sentimentale ou pécuniaire, une peinture à l'huile doit se manipuler avec précaution. Pas question de jouer les restaurateurs, en cas de besoin, eux seuls sauront redonner une seconde vie à votre toile.
Toutefois, de temps en temps, vous pouvez, sans risque, la dépoussiérer… avec un sèche-cheveux. Maintenez-le à distance raisonnable du tableau et surtout utilisez-le en mode froid, sinon vous risqueriez de brûler la toile. Vous pouvez aussi incliner le tableau (pour éviter que la poussière ne reste dessus) et l'épousseter délicatement avec un large pinceau aux poils très doux.

- **Testez les procédés sur un coin non visible.** Si vous avez le moindre doute sur la neutralité du produit, arrêtez tout de suite.

- **Sans frotter,** vous pouvez passer délicatement un chiffon en microfibre humecté d'eau minérale et de quelques gouttes de savon noir. Attention à ce que le chiffon soit parfaitement essoré, car il ne doit pas mouiller la toile. Procédez par petits carrés en commençant par un bord, puis séchez immédiatement en tamponnant la zone avec un chiffon non pelucheux très absorbant.

- **Vous pouvez aussi émietter de la mie de pain frais** (pas la croûte !) sur le tableau. Étalez-la délicatement avec le plat de la main, sans appuyer. Les saletés s'agripperont à la mie.

ATTENTION

Alcool et dissolvant sont à proscrire, ils risqueraient d'enlever le vernis et de brûler la peinture.

SAVON NOIR MOU
À L'HUILE D'OLIVE
1900
MARIUS FABRE
EN PROVENCE
NETTOYANT NATUREL MULTI-USAGES
BASE VÉGÉTALE
SANS SOLVANT • SANS COLORANT
BIODÉGRADABLE
35.20 oz
AGRICULTURE BIOLOGIQUE

REVÊTEMENTS

Ardoise. En lavabo, carreaux ou carrelage, la pierre naturelle est tendance et design. Revers de la médaille, légèrement poreuse, elle absorbe les projections d'eau, de graisse, etc. Résultat : des taches ou des traces blanches disgracieuses apparaissent rapidement. Pour enlever sans peine les taches (eau et calcaire) rebelles, frottez-les avec un chiffon en microfibre préalablement trempé dans un mélange composé d'un bol d'eau chaude, de quelques gouttes de liquide vaisselle, de vinaigre blanc et d'huile de cuisine. Rincez et surtout séchez la pierre avec un chiffon doux, sinon d'autres traces apparaîtront. Au quotidien, entretenez-la en passant une serpillière humide légèrement imprégnée de savon noir (une cuillère à soupe pour un seau d'eau). Rincez et séchez. Une tache grasse résiste ? Frottez-la avec une brosse à dents enduite d'un peu de pâte de savon noir et de bicarbonate de soude. Rincez et séchez.

Astuces

• **Prévenir vaut mieux que guérir.** Alors, pour mieux le protéger des taches et ralentir l'apparition de calcaire, imperméabilisez votre revêtement avec un produit adapté (en vente dans les grandes surfaces de bricolage).

• **Pour faire briller la pierre,** vous pouvez soit passer deux couches de cire incolore sans silicone (cette dernière encrasse les surfaces), soit utiliser un chiffon légèrement imprégné de lait. Cire ou lait, on laisse sécher et on n'oublie pas de lustrer le tout avec un chiffon doux.

Attention

Pour éviter d'abîmer la pierre, oubliez les produits détergents ou abrasifs, utilisez des produits doux.

Béton ciré. Au sol, au mur, en plan de travail, depuis quelques années, le béton ciré est au top de la déco. Pratique, solide, il faut toutefois le nettoyer avec douceur. Bannissez les brosses abrasives et les produits acides type Javel ou autres détartrants, ils « attaqueraient » et détruiraient la cire qui recouvre le béton. Préférez une serpillière ou une éponge que vous tremperez dans un mélange de savon noir liquide et d'eau tiède (un bouchon pour un litre d'eau). Rincez et séchez avec une serpillière en microfibre pour lui redonner sa brillance et éviter toute tache disgracieuse.

Astuces

• **Une tache de gras ?** Saupoudrez-la de talc, de farine ou de terre de Sommières, faites pénétrer par des mouvements circulaires. Laissez ensuite agir jusqu'à totale absorption. Renouvelez l'opération si nécessaire.

• **Une fois par an,** appliquez une cire de finition pour redonner à votre béton toute sa brillance tout en le protégeant.

Bois. Commode en bois blanc, en marqueterie, en chêne, en noyer, vernie ou laquée… tous les bois ne se traitent pas de la même manière.

Bois blanc. Brossez-le avec une brosse mi-dure et du savon noir. Rincez, puis séchez très rapidement avec un chiffon non pelucheux pour que l'eau ne pénètre pas dans le bois. Autre solution : pour lui conserver toute sa blancheur, frottez-le avec un chiffon imbibé de l'eau de cuisson des pommes de terre.

Bois ciré. Meubles ou parquets s'entretiennent en passant un chiffon imbibé de térébenthine pour nourrir le bois, puis un autre imprégné de cire en pâte pour le faire briller.

• **Gommez les auréoles d'eau** ou d'alcool avec un bouchon de liège. Effectuez des mouvements circulaires.

• **Un plat trop chaud a laissé sa marque ?** Faites-la disparaître en la recouvrant d'un mélange d'huile et de sel pendant quelques heures. Puis frottez-la avec un chiffon imbibé légèrement d'huile (ou de cendre de cigarettes) et de pétrole en quantité égale.

• **Pour les taches d'encre,** passez du jus de citron additionné de gros sel, puis rincez.

• **Afin de dépoussiérer sous les meubles en bois,** servez-vous d'un chiffon huilé fixé sur un bâton.

• **Pour éviter que le bois ne s'encrasse rapidement,** avant de le cirer, passez un chiffon imbibé de vinaigre blanc.

Bois laqué. Il se nettoie avec une éponge d'eau savonneuse bien essorée. Pour lui redonner son brillant, il suffit de passer un chiffon doux.

• **Pour laver un plateau en bois laqué,** frottez-le avec la chair d'une noix fraîche.

Bois verni. L'entretien courant se fait avec un chiffon (linge fin non pelucheux) imbibé d'un mélange d'huile de table et de térébenthine en quantité égale.

• **La plupart des taches partent avec de l'eau tiède.** Pour les auréoles, utilisez un mélange d'huile de table et d'alcool à 90 °.

• **Pour faire disparaître des rayures,** renoncez à la paille de fer, même très fine, préférez frotter avec un papier de verre doux (essayez sur un coin invisible avant de vous lancer !).

Inox. Si l'eau savonneuse ne suffit pas à supprimer les traces et à redonner de la brillance à vos objets en inox, frottez-les avec un chiffon imbibé d'un mélange d'huile de table et d'un jus de citron. Finissez de les faire briller avec un chiffon en microfibre.

• **Pour faire disparaître de disgracieuses taches noires,** essuyez-les avec une éponge ou un chiffon imprégné de savon noir, d'huile de pin et de glycérine. Attention, n'utilisez surtout pas de produit abrasif sous peine de tout rayer.

Jonc de mer. Constitué de fibres de plantes aquatiques tissées, pour garder sa luminosité, le jonc de mer a besoin d'être humidifié ! Alors, tous les 2 ou 3 mois, passez une serpillière humide, puis séchez avec un sèche-cheveux ou un radiateur soufflant.
Si, au quotidien, il suffit de le dépoussiérer avec l'aspirateur, pour un nettoyage plus profond, mélangez un demi-bouchon d'ammoniaque avec une cuillère à café de savon noir pour cinq litres d'eau tiède. Frottez à la brosse ou à la serpillière en insistant sur les endroits les plus encrassés. Rincez et séchez votre jonc de mer avec un sèche-cheveux ou un radiateur soufflant car le jonc de mer est sensible à la moisissure et les taches peuvent laisser des auréoles.

• **Pour ôter du cirage,** recouvrez-le, en prenant garde de ne pas l'étaler, avec plusieurs couches de papier absorbant, puis passez le fer à repasser chaud dessus. Le papier absorbera une grande partie du cirage. Pour détacher le reste, utilisez un chiffon imbibé d'alcool ménager en tamponnant.

• **Une tache d'encre** disparaîtra en versant dessus un jus de citron. Une fois le jonc de mer imbibé, frottez avec un torchon et rincez à l'eau claire.

• **En cas de moisissure,** appliquez à l'éponge un mélange composé de 15 cl de Javel pour un litre d'eau. Laissez agir un quart d'heure avant de frotter avec une brosse. Enlevez l'excédent de produit et laissez sécher.

ATTENTION

Pour éviter les auréoles, essuyez immédiatement les moindres gouttes d'eau avec du papier absorbant et séchez au sèche-cheveux en pratiquant des mouvements circulaires de l'extérieur vers l'intérieur.

Linoléum. Attention à ne jamais utiliser de produits abrasifs, d'acétone, d'ammoniaque ou encore d'alcool à brûler sur du lino, cela attaquerait le vinyle. Préférez une serpillière imprégnée de savon noir. Inutile de rincer mais faites-le briller avec un chiffon en microfibre.

• **S'il est très sale,** ajoutez une pincée de bicarbonate de soude au savon noir.

• **Malgré tous vos efforts, votre lino reste terne ?** Passez une serpillière imprégnée d'un mélange composé de deux jaunes d'œufs pour un litre d'eau tiède. Laissez sécher et lustrez avec une serpillière en microfibre.

• **Pour prolonger la durée de votre lino,** une fois par an, à l'aide d'un chiffon en microfibre, passez une couche d'essence de térébenthine.

Marbre. Pierre poreuse et tendre, le marbre craint toutes les taches, même celles faites par l'eau. Comme il se raye facilement, n'hésitez pas à le protéger avec des tapis. Pour l'entretenir au quotidien, une simple serpillière humide et imbibée d'un mélange de savon noir et d'eau tiède fera l'affaire (un bouchon pour un litre et demi d'eau chaude). Rincez et faites-le briller avec un chiffon doux et quelques gouttes d'huile de lin.

• **Pour supprimer la plupart des taches,** préparez une pâte composée de 2/3 de poudre de pierre ponce (en vente chez les marbriers) et 1/3 de bicarbonate de soude. On peut remplacer la pierre ponce par un peu de jus de citron ou du vinaigre blanc. Déposez sur la tache, laissez sécher, puis rincez à l'eau et au savon noir. Pour redonner du brillant au marbre, passez un peu d'huile de lin et frottez avec un chiffon doux.

• **Pour les taches de vin,** d'encre ou non grasses, essayez un coton imbibé d'eau oxygénée. À défaut, imbibez la tache avec un mélange de terre de Sommières et d'eau de Javel et répétez l'opération jusqu'à disparition de la tache.

• **Pour faire disparaître une tache de café ou de fruits,** il suffit de la frotter avec un chiffon imbibé d'essence de térébenthine.

• **Les taches d'eau** ou « ronds de verre » disparaîtront si vous effectuez de longs gestes circulaires avec un chiffon imbibé d'huile de cuisine additionnée d'une goutte de citron. Puis, appliquez une pâte fine composée de 1/3 de bicarbonate de soude et de 2/3 de poudre de pierre ponce. Laissez sécher et rincez à l'eau additionnée d'un peu de savon noir.

• **Pour combler les fissures,** utilisez une bougie. Versez la cire chaude dans la fissure, laissez sécher, puis ôtez l'excédent avec une spatule. Cirez le marbre.

ATTENTION

N'utilisez jamais de cire à base de silicone, elle attaquerait le marbre. De même, utilisés purs, les acides, Javel, soude, white-spirit, jus de citron et autres produits corrosifs sont absolument à proscrire, ils attaqueraient la matière.

Murs. Pas question de laisser des moisissures s'installer sur les murs. Loin d'être esthétiques, ces champignons peuvent se révéler mauvais pour la santé. Pour les supprimer, retirez tout ce que vous pouvez avec une éponge que vous prendrez soin de passer de haut en bas. Vaporisez ensuite un mélange composé de 300 ml de vinaigre blanc, de 200 ml d'eau tiède et de 5 gouttes d'huile essentielle de tea tree. Laissez agir quelques heures, puis essuyez avec un chiffon doux. Renouvelez l'opération et laissez sécher. Inutile de rincer.

ATTENTION

Ne pas utiliser l'huile essentielle de tea tree dans les pièces où se trouveraient des femmes enceintes ou allaitantes et des enfants.

Plastique. Une cuillère à soupe de savon noir mélangé à une tasse de vinaigre blanc et deux d'eau chaude, voilà un mélange qui vous permettra de nettoyer parfaitement les surfaces plastiques tout en éliminant l'électricité statique. Résultat : la poussière y adhérera moins rapidement.

Tapis. Nos aïeules lavaient leurs tapis avec de la neige pour les décrasser une fois par an. Malheureusement, ce n'est pas toujours possible de nos jours ! Plus simple, une fois le tapis dépoussiéré à l'aspirateur, frottez-le à la brosse avec du savon noir, puis rincez à l'eau claire.

• **Surélevez les parties mouillées** pour aérer le tapis et lui garantir un bon séchage. À défaut, glissez dessous des serviettes de toilette.

• **On peut aussi raviver les couleurs** en répandant des herbes coupées menu ou des feuilles de thé humides ayant déjà servi. Roulez le tapis et laissez-le dans un endroit sec et obscur. Ensuite, passez l'aspirateur pour le débarrasser des herbes ou du thé. Un travail un peu compliqué mais efficace quand on a le temps. Attention, avant de vous lancer, testez sur un petit morceau pour éviter les mauvaises surprises de décoloration.

• **Pour faire disparaître les mauvaises odeurs,** saupoudrez le tapis de bicarbonate de soude. Laissez agir une nuit avant de passer l'aspirateur.

ATTENTION

Les couleurs des tapis ne sont pas toujours bien fixées. Avant de le mouiller, testez toujours sur une partie cachée.

Un végétal bouilli (café, thé, sauce à base de safran, etc.) renversé sur un tapis peut agir comme un colorant. Il faut donc, très vite, frotter la tache avec du savon noir et la rincer abondamment à l'eau claire.

Teck. Bois gras, le teck résiste naturellement à l'humidité et à toutes les agressions extérieures mais, revers de la médaille, avec le temps, il devient gris, comme oxydé. Pour l'entretenir, l'idéal est de le nettoyer avec une éponge imprégnée d'eau salée et de savon noir liquide. En effet, le sel concentre l'humidité et empêchera donc le teck de sécher sans compter que c'est un excellent produit pour éviter la prolifération de mousses et micro-organismes.
Si votre meuble est très taché, poncez-le délicatement avec du papier de verre fin.

• **Pour lui donner un aspect brillant,** peignez-le avec de l'huile de lin ou de l'huile spéciale teck. Attention, cela aura tendance à rendre votre meuble légèrement huileux. Pour pallier ce désagrément, frottez le surplus avec une brosse imprégnée de vinaigre blanc.

Tomette. Même bien entretenues, avec le temps, les tomettes en terre cuite perdent leur éclat. Offrez-leur un nettoyage de printemps pour leur rendre toute leur splendeur. Décrassez-les à la brosse en les frottant soit avec un mélange d'eau tiède et de cristaux de soude, soit avec du bicarbonate de soude. Rincez. Une fois leur éclat retrouvé, frottez-les de nouveau mais, cette fois, vous tremperez la brosse dans un seau rempli d'eau chaude et de savon noir mou (une cuillère à café pour ½ litre d'eau). Pour les faire briller, attendez qu'elles soient parfaitement sèches, puis badigeonnez-les d'huile de lin. Renouvelez sans hésiter plusieurs fois l'opération. Au-delà de la brillance, la pierre sera moins poreuse et se lavera plus facilement.
Pour un nettoyage régulier, utilisez un balai microfibre que vous tremperez dans un seau d'eau additionnée de savon noir liquide. Ce dernier, grâce à sa forte teneur en huile d'olive, nourrit et fait briller durablement les tomettes, sans nécessité de les traiter à l'huile de lin.

• **Pour supprimer la plupart des taches,** il suffit de frotter les tomettes avec un mélange composé de deux cuillères à soupe de jus de citron pour un litre d'eau.

• **Pour ôter une tache grasse,** saupoudrez-la immédiatement de farine ou de terre de Sommières et laissez agir jusqu'à absorption complète. Retirez l'excédent, renouvelez l'opération si nécessaire, puis passez un coup de serpillière.

• **Votre chat a fait pipi dessus ?** Chauffez ¾ d'huile de lin et ¼ d'essence de térébenthine dans une casserole jusqu'aux premiers frémissements. Passez alors le mélange sur la tache avec un pinceau large. Laissez bien pénétrer, puis rincez à l'eau claire. Attention à bien aérer la pièce.

ÉLECTROMÉNAGER

Balai. Comme toutes les brosses, pour éviter qu'il ne dépose plus de bactéries qu'il ne ramasse de détritus, une fois tous les deux mois, nettoyez votre balai. Laissez-le tremper une heure dans un seau rempli d'eau chaude, d'un verre d'ammoniaque et d'un demi-verre de savon noir. Rincez-le à l'eau claire. Le voilà propre comme un sou neuf.

Bouilloire. Afin d'éviter qu'elle ne se tapisse de calcaire, glissez à l'intérieur une coquille d'huître lavée et brossée. Le calcaire se fixera sur l'huître et non plus sur les parois de la bouilloire.

Crédence. Qu'elle soit en inox, en verre ou en carrelage, pour retirer toutes les projections de graisse d'une crédence, rien ne remplace un lessivage en bonne et due forme avec une éponge imprégnée de savon noir. Pour éviter d'étaler la graisse, effectuez de petits cercles et rincez régulièrement votre éponge. Le dégraissage terminé, rincez l'ensemble à l'eau vinaigrée, puis séchez avec un chiffon en microfibre.

ATTENTION
Évitez d'utiliser un tampon abrasif qui rayerait votre crédence.

Four. Four mal entretenu, plat sans saveur ! Quand les parois s'encrassent, impossible d'y échapper, les mauvaises odeurs se mélangent au doux fumet de vos cuissons. Pour éviter le drame culinaire, nettoyez régulièrement les parois et les grilles de votre four. Pas question toutefois de tout récurer avec une poudre abrasive, la douceur est de rigueur. Nos grands-mères frottaient les parois encore tièdes avec un peu de savon noir liquide ou en pâte sur une éponge humide. Elles laissaient agir une nuit, puis rinçaient. Pour renforcer l'action du savon, certaines ajoutaient un peu de bicarbonate de soude, redoutable pour décoller les impuretés, désinfecter et supprimer les mauvaises odeurs. Revers de la médaille, c'est une opération longue et fastidieuse. Alors, place aux astuces 3.0 ! Mélangez un bouchon de savon noir liquide à de l'eau chaude, versez le tout dans un vaporisateur et... vaporisez. Laissez agir entre 30 min et une nuit selon l'état de saleté, puis rincez à l'éponge humide. Dégraissage assuré.

- **Pour éviter qu'une pellicule de graisse ne se forme** sur les parois, terminez le nettoyage en passant une éponge imbibée de vinaigre blanc.

Friteuse. Une éponge avec du savon noir et le tour est joué ; débarrassée de toutes ses taches de graisse, votre friteuse brillera de mille feux. Toutefois, attention, pour éviter d'étaler les traces grasses, effectuez des cercles et rincez régulièrement l'éponge. N'oubliez pas de la rincer à l'eau chaude vinaigrée, cela évitera aux amas de graisse de se fixer lors de la prochaine utilisation.

Hotte. Dégraissez les parois de votre hotte avec une éponge imprégnée de savon noir liquide. Pour éviter de tout étaler, effectuez des petits cercles et rincez régulièrement votre éponge. Rincez ensuite à l'eau claire et séchez avec un chiffon en microfibre.

• **Avant de passer les grilles filtrantes à la machine,** frottez-les avec une brosse et du savon noir liquide pour déloger les amas de graisse des interstices.

Plaque et table de cuisson. Sur une plaque vitrocéramique ou une table à induction, un coup d'éponge douce imprégnée de savon noir, et le tour est joué. Une tache résiste ? Recouvrez-la de savon noir en pâte, laissez agir entre 5 et 15 min en fonction de sa taille et grattez doucement avec un grattoir spécial vitrocéramique*. Rincez à l'eau claire et terminez par un coup d'éponge imprégnée de vinaigre blanc.

Poêle, lèchefrite et autres grils. Pour les dégraisser, faites-les tremper dans l'eau chaude additionnée d'une cuillère à soupe de vinaigre blanc. Et pour venir à bout des disgracieuses et résistantes taches de graisse, frottez-les avec une brosse à vaisselle à poils durs et une crème à récurer « fabrication maison ». Pour cela, il suffit de mélanger quelques pincées de bicarbonate de soude à du savon noir en pâte. Rincez à l'eau claire.

• **Pour éviter qu'une pellicule de graisse ne se forme,** essuyez-les avec une éponge imbibée de vinaigre blanc.

** Généralement livré avec la table de cuisson. À défaut, ce grattoir s'achète dans les drogueries.*

Réfrigérateur et congélateur. Pour rendre aux parois de vos réfrigérateurs et congélateurs leur blanc immaculé, nettoyez-les avec une éponge imprégnée de savon noir liquide. Inutile de rincer, mais séchez les parois avec un chiffon non pelucheux.

> ATTENTION
> N'utilisez jamais de produits abrasifs ou de détergents, cela endommagerait vos appareils.

• **Le nettoyage intérieur du congélateur** sera facilité si, une fois dégivré, vous passez un chiffon enduit de glycérine sur les parois. Ainsi, lors du prochain dégivrage, la glace se décollera plus facilement.

• **Si une couche de givre** a tendance à se former sur le joint de fermeture de la porte du congélateur, lors du dégivrage, saupoudrez de sel fin le tour de la porte.

• **Pour éviter que les joints ne se dessèchent,** vous pouvez passer un peu de talc dessus.

• **Sus aux mauvaises odeurs.** Glissez quelques morceaux de charbon de bois (en vente dans les drogueries) enveloppés dans de la gaze dans le réfrigérateur.

Thermos. Pour lui faire perdre sa vilaine petite odeur intérieure, remplissez-le de papier journal et d'eau chaude. Vissez le bouchon et laissez agir une nuit. Videz-le avant de le laver à l'eau chaude et au produit vaisselle. Rincez abondamment. Finies les odeurs. Mieux, son intérieur est comme neuf.

SAVON NOIR
LIQUIDE
À L'HUILE D'OLIVE
1900
MARIUS FABRE
EN PROVENCE
1 Litre
NETTOYANT NATUREL
MULTI-USAGES

SAVON NOIR
À L'HUILE D'OLIVE
MARIUS FABRE

SANITAIRES ET ROBINETTERIE

Chrome. Pour faire briller vos robinets tout en évitant qu'ils ne s'entartrent, mélangez du blanc de Meudon et de l'alcool à brûler. Utilisez un pinceau pour étaler, laissez sécher une quinzaine de minutes, puis rincez à l'eau claire. Si le tartre s'est installé sur les contours, brossez la zone avec une ancienne brosse à dents imbibée d'ammoniaque, de vinaigre blanc ou du jus d'un demi-citron. Pour détartrer les embouts de douche ou de robinets, dévissez-les, frottez-les avec une brosse à dents dure, puis baignez-les quelques minutes dans du vinaigre blanc avant de les rincer à l'eau claire.

Astuces

- **Pour redonner de l'éclat au chrome,** utilisez un chiffon saupoudré de farine. Ne rincez pas sinon vous obtiendrez une pâte collante !

- **Le chrome brillera de mille feux,** si vous le frottez avec un chiffon humide imprégné de cendres de cigarettes, avant de le sécher avec un chiffon sec et doux. Un procédé que l'on peut également adopter pour les ustensiles de cuisine en inox et les pare-chocs de voiture.

- **Pour faire disparaître une petite tache de rouille,** frottez-la avec un oignon coupé en deux.

Émail. Pour redonner toute leur blancheur à vos baignoire, douche et lavabo en émail, frottez-les avec une éponge imbibée de savon noir (un bouchon pour un litre d'eau). Rincez à l'eau claire et séchez. Si les parois sont très noires, ajoutez un peu de bicarbonate de soude.

- **Pour faire briller l'émail,** frottez les parois avec un chiffon doux imprégné d'essence de térébenthine. Inutile de rincer sauf si l'odeur vous indispose.

Joints. Avec le temps, les joints de baignoire, de douche, de carrelage s'encrassent, voire moisissent. Résultat : ils perdent leur étanchéité, c'est alors la porte ouverte aux infiltrations... Afin d'éviter les soucis, prenez le temps de les nettoyer. Frottez-les avec une brosse à dents imbibée de savon noir en pâte sans ajouter d'eau. Essuyez ensuite avec un chiffon en microfibre.

- **Vous êtes en panne de savon noir ?** Remplacez-le par du vinaigre blanc ou de l'alcool ménager.

Attention

Si malgré tous vos efforts, les joints restent noirs, c'est qu'ils sont trop attaqués par les moisissures. Trop vieux, il vous faudra alors les changer.

Paroi de douche. À cause du calcaire, votre paroi de douche est plus souvent blanche que transparente. Inutile de frotter, les produits pour vitres se révèlent assez inefficaces pour en venir à bout. Pour éradiquer le calcaire sans forcer, savonnez la paroi avec une éponge imprégnée d'un mélange de savon noir et d'alcool à brûler. Laissez agir quelques minutes, rincez et séchez avec un chiffon en microfibre. Pour accentuer la brillance, vous pouvez ajouter une larme d'acide citrique.

• **Préparez votre mélange à l'avance** avec une cuillère à soupe de savon noir, une demi-cuillère à café d'alcool à brûler et une tasse d'eau tiède.

Résine (ou acrylique). De la douceur encore et toujours, c'est le slogan pour les éléments en résine. Alors, pour les entretenir, essuyez-les tout simplement avec une éponge ou un chiffon doux imbibé de savon noir liquide ou de produit vaisselle. Rincez à l'eau claire.

• **Une vilaine tache refuse de partir?** Frottez-la délicatement avec de la pierre d'argile et une éponge. Et si, vraiment, elle résiste, utilisez du produit pour vitres, du vinaigre blanc dilué ou un demi-citron. Rincez abondamment et rapidement.

Attention

Les baignoires, lavabos et autres éviers en résine détestent les produits abrasifs. Alors, bannissez de vos ménages la Javel, les produits anticalcaire, les détergents et même les éponges munies de grattoirs.

WC. Éradiquez le tartre en fabriquant votre propre détergent. Dans un seau, mélangez une cuillère à soupe de savon noir liquide, trois cuillères de bicarbonate de soude, un verre de vinaigre blanc et quatre verres d'eau. Parfumez votre mélange avec une cuillère d'huile essentielle de votre choix. Attendez une dizaine de minutes avant de verser le tout dans un vaporisateur car, par réaction chimique, le mélange vinaigre et bicarbonate va mousser. C'est prêt? Quelques pressions sur l'ensemble de vos WC, laissez agir quelques minutes, rincez, le tour est joué.

• **Afin d'éviter que le réservoir ne s'encrasse trop** et ne s'entartre, glissez-y une belle noix de savon noir en pâte. Au fil des jours, le savon va fondre et nettoyer l'intérieur des parois, plus encore, au fur et à mesure que vous tirerez la chasse d'eau, les particules de tartre disparaîtront.

• **Le tartre résiste?** Déposez sur la plaque de tartre du papier absorbant imprégné de vinaigre blanc, laissez agir toute la nuit. C'est insuffisant? Mélangez du savon noir en pâte avec de la poudre de pierre ponce. Ajoutez un peu d'eau et frottez les plaques de tartre.

SAVON
LIQUIDE

VITRES ET MIROIRS

Buée. Pour éliminer et éviter la buée sur les miroirs, savonnez-les ! Passez de la pâte de savon noir sur le miroir avec un chiffon doux non pelucheux, très légèrement humide. Attendez quelques minutes, changez de chiffon et frottez jusqu'à la totale disparition du savon. Votre miroir brillera de mille feux. Renouvelez l'opération tous les mois.

Vitres, glaces et miroirs. Les vitres et glaces se ternissent rapidement et reflètent les traces de doigts et les gouttes de pluie.

- **Pour supprimer les auréoles,** frottez-les avec une éponge légèrement imbibée de savon noir liquide (un demi-bouchon pour un litre d'eau chaude), essuyez-les avec une raclette et terminez au chiffon en microfibre. Pratique, malgré sa consistance épaisse et huileuse, le savon noir n'a pas besoin d'être rincé.

- **Une feuille de papier journal mouillée,** utilisée comme un simple chiffon, rien n'est plus efficace ! En effet, l'encre d'imprimerie des quotidiens est un excellent nettoyant.

- **Une éponge imbibée de vinaigre d'alcool** dilué avec un peu d'eau chaude redonnera tout son éclat aux fenêtres et aux miroirs, à condition de bien essuyer ensuite avec un chiffon non pelucheux ou du papier journal sec.

- **Le blanc de Meudon** donne aussi de très bons résultats, mais son application prend du temps, car, après l'avoir étalé à l'éponge, il faut le laisser sécher avant de passer un chiffon. Et puis, revers de la médaille, une fine poussière blanche se forme et s'envole dans la pièce.

ATTENTION

Les jours de grand soleil, évitez de laver vos vitres. Les produits sèchent trop rapidement et cela provoque des auréoles.

Si vous décidez de donner un coup de peinture sur les fenêtres, enduisez le bord des vitres de vaseline ou de vinaigre d'alcool pour éviter qu'elle n'adhère.

CHEMINÉES ET INSERTS

Insert. Pour admirer les flammes qui crépitent dans un insert, nettoyez régulièrement sa vitre. Frottez-la avec une boule de papier journal sur laquelle vous déposerez une noix de savon noir en pâte. Rincez, séchez avec un chiffon en microfibre, et le tour est joué.

• **Vous n'avez plus de savon noir ?** Qu'à cela ne tienne, utilisez la cendre de votre cheminée que vous passerez sur la vitre avec du papier journal humide (ou une éponge). Essuyez avec un chiffon non pelucheux.

Manteau. Impossible d'y échapper, la suie grasse se dépose partout. Pour réussir à l'enlever sur un manteau en brique ou en pierre, frottez en effectuant des mouvements circulaires avec une brosse à poils durs que vous tremperez dans un mélange composé de quatre cuillères à soupe de savon noir liquide, deux de bicarbonate de soude et deux litres d'eau. Rincez à l'eau claire, puis séchez avec un chiffon non pelucheux ou des feuilles de papier journal roulées en boule.
Sur un manteau en marbre, pour éviter de le rayer, remplacez la brosse par une laine d'acier extrafine et n'utilisez jamais de produits acides comme le citron ou le vinaigre (voir Marbre, p. 50).

• **Pour protéger le manteau des salissures,** passez-le au chiffon enduit de cire incolore.

Plaque en fonte. Décollez la suie avec une brosse en fer ou à la toile émeri à gros grain, puis utilisez une laine d'acier extrafine pour finir de décaper. Pour redonner de l'éclat à votre plaque, une fois nettoyée, passez un coup de chiffon enduit d'huile de vaseline.

• **Pour supprimer les taches de rouille,** frottez-les avec un demi-oignon, puis badigeonnez-les avec de l'huile de table.

MCZ

DU CÔTÉ DU JARDIN

Faire fuir les **fourmis** et les **rongeurs**, éradiquer les **parasites** de ses plantations et de ses rosiers, **préserver** ses **meubles** et autres **accessoires** sans oublier de prendre soin de ses divers **véhicules**, de ses **animaux** familiers et, évidemment, de soi, la vie au jardin est loin d'être de tout repos. Mais, là encore, **l'écologie est à l'honneur** avec le savon noir. Alors, action !

ACCESSOIRES

Barbecue. Qu'il fonctionne au charbon, au gaz ou à l'électricité, pour conserver longtemps votre barbecue, le meilleur des traitements est un entretien régulier. Un barbecue au gaz ou au charbon se nettoie à chaud car les particules grasses partent plus facilement. Il faut 15 secondes pour nettoyer une grille chaude, 15 minutes pour une froide. Frottez la grille avec une brosse en poils de laiton ou en acier et du savon noir, avant de la rincer à l'eau claire et de l'essuyer avec un chiffon en microfibre. Pour le couvercle et la cuve, prenez soin d'essuyer les excédents de graisse avec du papier absorbant, avant de les frotter à la brosse et au savon noir.

• **Si la grille est froide,** faites-la chauffer pour carboniser les résidus avant de la brosser.

• **Pour empêcher les cendres de s'envoler lors de la cuisson,** si votre barbecue est équipé d'une coupelle, versez-y un peu d'eau, cela les retiendra.

• **Afin de permettre aux aliments de se détacher** plus facilement et donc d'éviter les dépôts de graisse sur la grille, graissez-la avant toute utilisation avec du papier absorbant et de l'huile. Évitez l'huile d'olive qui peut rancir et donner un mauvais goût. N'utilisez jamais de pinceau : il s'enflammerait ou fondrait.

Chilienne. Deux cuillères à soupe de savon noir liquide dans un seau d'eau chaude, une brosse à poils souples... et c'est parti. Frottez la toile de vos chaises longues. Rincez à l'eau claire et laissez sécher.

• **Des taches de moisi sont apparues sur la toile ?** Mélangez une cuillère à soupe de maïzena, une noix de savon noir en pâte, un jus de citron et une cuillère à café de sel. Appliquez sur les taches, laissez sécher. Brossez, rincez à l'eau vinaigrée (deux cuillères à soupe pour six tasses d'eau) et laissez sécher au grand air.

ANIMAUX

Chat et chien. Un petit shampoing au savon noir et le pelage de votre animal à quatre pattes brillera. De plus, vous le débarrasserez de ses parasites. Le savon noir est un excellent antipuce. Plus encore, il protège des allergies et prévient l'eczéma. Pour un shampoing efficace, brossez et peignez votre animal, puis mouillez entièrement son poil à l'eau tiède. Frottez et massez alors sa peau et son poil avec quelques noisettes de savon noir liquide. Laissez agir 5 minutes, puis rincez-le à l'eau claire, au moins deux fois. Séchez-le délicatement.

Cheval. Pour faire briller sa robe, son crin et surtout pour repousser les mouches, toilettez-le au savon noir en pâte ou liquide. La toilette terminée, rincez-le à l'eau claire.
Pour repousser les mouches : avec une éponge humide, enduisez sa robe et sa queue de pâte de savon noir.

ATTENTION

Cette protection antimouche sera efficace une quinzaine de jours, sauf en cas de pluie évidemment.

REPOUSSER LES INSECTES ET AUTRES PARASITES

Araignée. Petites ou grosses, soir ou matin, signe d'espoir ou de chagrin, rien à faire, les araignées vous font peur… au point de vous empêcher de dormir. Pour éviter qu'elles n'entrent chez vous, frottez régulièrement les contours des fenêtres et des portes avec une éponge imbibée de vinaigre blanc. Pour leur faire prendre la fuite, jouez la carte de la lavande. En bouquet ou en huile essentielle, elles l'ont en horreur ! Si vous préférez l'odeur de la menthe, à votre guise, les araignées la détestent autant que la lavande. Et si vous-même êtes sensible aux odeurs de ces plantes, remplacez-les par des marrons coupés en deux.

Escargot et limace. Faites fuir les escargots et les limaces de vos plantations en douceur. Répandez du marc de café autour de vos plantes ou pulvérisez un mélange de savon noir (cinq cuillères à soupe) et d'eau tiède (un litre), ils glisseront et ne réussiront plus à s'agripper aux plantes ! Ajoutez une cuillerée à café d'huile végétale afin d'éviter que le mélange ne mousse trop.

Fourmi. Les fourmis ont cela de bien qu'elles adoptent toujours toutes le même trajet, celui tracé par la leader. Pas question de s'en écarter, sinon elles sont déboussolées. Alors, pour enrayer une colonie, il suffit de perturber le parcours ! En traçant une ligne blanche à la craie sur leur chemin, par exemple. Perturbées, elles rebrousseront chemin. Pour les faire fuir définitivement, plusieurs solutions s'offrent à vous. Vous pouvez verser du vinaigre blanc, du citron pressé (laissez la pelure), du marc de café ou de la cendre de cheminée sur leur passage. Vous craignez qu'elles n'envahissent vos placards ? Placez un sachet de sauge verte ou de camphre ; elles détestent ! Et si, vraiment, ces cortèges de fourmis vous gênent, repérez la fourmilière et inondez-la avec 10 litres d'eau chaude additionnée de 200 g de savon noir dilué.

Mouche. En extérieur comme en intérieur, elles nous empoisonnent la vie à tourner et à se coller partout. Pour s'en débarrasser, l'idéal est de pulvériser sur elles un mélange composé de quatre cuillères à soupe de savon noir liquide pour deux litres d'eau tiède. Un remède efficace, facile à faire en extérieur mais pas très pratique dans un intérieur. Alors, à la maison, pour les empêcher d'entrer, frottez le bord des fenêtres avec un oignon coupé en deux, car elles détestent cette odeur, tout comme celle du géranium, alors, plantez-en sur vos balcons ou, à défaut, remplissez un petit flacon avec une dizaine de gouttes d'huile essentielle de géranium mélangée à un peu d'eau. Si vous préférez, un pot de basilic fera aussi l'affaire.

Puceron. Qu'il s'agisse d'araignées rouges, d'aleurodes, de cochenilles, de psylles, de pucerons et d'autres thrips, pour lutter contre les parasites, le savon noir, écolo et non toxique, se révèle un excellent allié. Redoutable insecticide, il tue les insectes et leurs larves. Son action est curative car il bouche les pores respiratoires de ces insectes et les asphyxient. Pour confectionner cette arme de choc, rien de plus facile : il suffit de mélanger cinq cuillères à soupe de savon noir liquide à un litre d'eau tiède et de tout transvaser dans un vaporisateur. Pour éviter que la solution ne mousse trop, ajoutez une cuillerée à café d'huile de table. Laissez bien refroidir le mélange avant toute utilisation, il serait dommage de brûler les feuilles ! Prêt ? Vaporisez dessus et dessous. Renouvelez l'opération tous les trois jours jusqu'à l'éradication de ces vilains parasites.

ATTENTION

Agissez dès l'apparition des premiers pucerons car, s'ils ont le temps de se regrouper en colonie trop compacte, le savon ne parviendra pas à tous les éradiquer.

Traitez les plantes le matin ou en fin de journée, à la fraîche, quand le mercure passe sous les 20°. Les pulvérisations aux heures chaudes, en plein soleil ou sous la pluie sont à proscrire.

Ciblez les plantes parasitées, pour éviter de nuire aux insectes amis du jardin comme la coccinelle.

Rongeur. Pour faire fuir les petits rongeurs qui voudraient élire domicile dans la cabane de jardin ou le garage, nettoyez le sol avec du savon noir liquide auquel vous ajouterez quelques gouttes d'huile essentielle de menthe poivrée (ou non), les mulots et souris détestent cette odeur.

MÉCANIQUE

Automobile, bateau, moto, vélo. Pour décrasser votre titine des fientes d'oiseaux, des taches de graisse, pour rendre ses vitres transparentes et redonner une seconde vie à ses sièges, reprenez la recette préconisée par la marque Ford dans les années 1920: frottez tout avec une éponge imprégnée de savon noir et d'eau tiède. Inutile de rincer mais essuyez avec un chiffon en microfibre.

• **Traitez rapidement les taches sur les sièges ou les tapis de sol,** sauf pour la boue qu'il faut laisser sécher. Retirez le plus possible de matière avec un couteau, versez de l'eau gazeuse dessus, puis épongez avec du papier absorbant. Frottez ensuite avec une éponge (ou une brosse) imprégnée d'un mélange composé d'une cuillère à café de savon noir, d'une cuillère à café de vinaigre blanc et d'un litre d'eau chaude. Inutile de rincer mais séchez.

Pour la petite histoire

Dans les années 1950-60, la savonnerie Marius Fabre fournissait, chaque année, plus de 100 tonnes de savon noir à la Marine nationale à Toulon pour nettoyer les ponts des bateaux.

MOBILIER

Dalle. Pour les débarrasser de toutes les salissures, frottez-les avec une brosse de chiendent trempée dans une eau savonneuse composée de deux cuillères à soupe de savon noir liquide pour cinq litres d'eau chaude.

Fer forgé. Pour éviter qu'il ne rouille, le fer forgé requiert de l'attention. Nettoyez-le régulièrement avec une éponge imprégnée de savon noir (deux cuillères à soupe par seau d'eau), rincez et surtout séchez pour éviter la rouille.

• **Pour le protéger de la rouille,** passez une couche de vernis sur la peinture.

Mobilier en teck. Frottez régulièrement le mobilier avec une brosse imbibée de savon noir pur en pâte. Rincez à l'eau claire et laissez sécher à l'air libre (voir aussi : Teck, p. 53).

Panneau solaire. Encrassés, les panneaux solaires peuvent perdre jusqu'à 15 % de leur rendement en électricité. Alors, place au nettoyage, mais tout en douceur. Oubliez les jets haute pression qui pourraient détériorer les joints, les détergents qui agresseraient les revêtements, privilégiez le savon noir. À l'aide d'une perche à manche télescopique équipée d'une brosse douce, frottez vos panneaux avec un mélange d'eau tiède et de savon noir liquide (un bouchon pour cinq litres d'eau).

PVC. En entretien régulier, dépoussiérez vos meubles en PVC avec un chiffon en microfibre sec. Supprimez les taches de crème solaire ou de nourriture avec une éponge humide et du savon noir liquide. La tache résiste ? Frottez-la avec une brosse et du savon noir en pâte, plus condensé.

Terrasse en bois. Le meilleur traitement pour soigner les terrasses : l'huile de coude ! Armez-vous de votre balai-brosse, trempez-le dans un seau rempli de cinq litres d'eau tiède avec un bouchon de savon noir liquide et frottez ! Connu pour ses propriétés détachantes, antiseptiques et dégraissantes, le savon noir vous permettra de venir facilement à bout des moisissures et autres taches. Prenez garde à bien rincer à l'eau claire et à sécher avec une serpillière, car l'eau stagnante est très mauvaise pour le bois.

Attention

Évitez le jet à haute pression qui, à la longue, détériore la surface du bois.

PLANTATIONS

Arrosage. Si la terre est trop sèche, ajoutez quelques gouttes de savon noir liquide à l'eau avant d'arroser, cela aidera la terre à se ramollir et donc l'eau à pénétrer.

Désherbant. L'idéal est de désherber avant la montée en graines des annuelles ou d'agir aux périodes où elles sont les plus faibles pour les empêcher de repartir trop vite. Sus donc aux ronciers entre le 21 et le 30 juin, aux chiendents, rumex, prêles, entre la deuxième quinzaine de juillet et la première semaine d'août, aux chardons ou aux orties entre la mi-août et la mi-septembre. Pour les éradiquer, rien ne vaut l'eau de cuisson des pommes de terre, des pâtes ou du riz. Pour faciliter son adhérence sur les plantes, mélangez-la à un bouchon de savon noir.

Miellat et fumagine. Après une invasion de pucerons, les feuilles se retrouvent souvent couvertes de miellat, une fine pellicule collante, et de champignons appelés fumagines qui ont l'aspect de dépôts noirs charbonneux. Débarrassez vos feuilles de ces nuisibles en les nettoyant avec un chiffon imbibé de savon noir liquide dilué dans de l'eau tiède (deux cuillères à soupe de savon pour un litre d'eau). En plus, c'est un excellent apport en calcium et en potassium.

SOIGNER LE JARDINIER

Ampoule. Pour prévenir et donc éviter les ampoules, enduisez d'une noix de savon noir en pâte la partie de la chaussette en contact avec la plante des pieds et les zones sensibles sujettes aux ampoules.

Écharde. Pour retirer une écharde, une épine ou de la limaille, sans souffrir, utilisez du savon noir car il a une action lubrifiante. Autre avantage, c'est un désinfectant. Déposez donc dessus une grosse noix de savon noir en pâte. Pour le faire adhérer à la peau, mouillez-le avec un peu d'eau. Protégez le tout avec un bandage et laissez agir une nuit entière. Au petit matin, l'écharde sera ressortie. Si besoin, finissez de la retirer délicatement avec une pince à épiler.

Mains gercées. Une fois vos mains mouillées à l'eau chaude, déposez une noix de savon noir en pâte sur chacune d'elles, frottez-les en insistant sur les gerçures, puis rincez-les à l'eau claire tiède. Recommencez aussi souvent que nécessaire.

Piqûre d'insecte. Pour soulager une démangeaison, appliquez sur la piqûre une noisette de savon noir très légèrement diluée avec un peu d'eau tiède car la pâte doit être souple. Laissez sécher. Quand le savon est sec, la peau ne devrait plus démanger.

SAVON NOIR
LIQUIDE
À L'HUILE D'OLIVE
1900
MARIUS FABRE
EN PROVENCE
NETTOYANT NATUREL
MULTI-USAGES

Index

Une tache, un meuble, un objet à nettoyer ? Des parasites à repousser ? De petites blessures à soigner ? Pour trouver la recette idéale sans peine, voici un index alphabétique qui saura vous aiguiller.

Crédits photographiques

Photographie de couverture et de 4e de couverture : Fabrice Besse - Stylisme Sonia Roy
p. 4 : Fabrice Besse - Stylisme Sonia Roy ; **p. 6** : Marius Fabre/Scarlett Girault ; **p. 8** : fotolia/Erica Guilane-Nachez ; **p. 9** : fotolia/Durluby ; **p. 10** : fotolia/Picture Partners ; **p. 1**
Marius Fabre/Scarlett Girault ; **p. 13** : Wikimedia Commons/Vi..Cult... ; **p. 14** : fotolia/icarmen13 ; **p. 16** : fotolia/Janis Smits ; **p. 17** : fotolia/Meliha Gojak ; **p. 18** : fotolia/Es75 ; **p. 1**
fotolia/triocean ; **p. 20** : fotolia/Photographee.eu ; **p. 21** : fotolia/Christopher Nuzzaco ; **p. 22** : fotolia/Gvictoria ; **p. 23** : Fabrice Besse - Stylisme Sonia Roy ; **p. 24** : fotolia/Alexan
Vasilyev ; **p. 26** : Fabrice Besse - Stylisme Sonia Roy ; **p. 27** : fotolia/Alena Ozerova ; **p. 28 (HG)** : fotolia/buki77 ; **p. 28 (HD)** : fotolia/Les Cunliffe ; **p. 28 (MG)** : fotolia/pandawil
p. 28 (BG) : fotolia/Mara Zemgaliete ; **p. 28 (BD)** : fotolia/Vely ; **p. 29** : Fabrice Besse - Stylisme Sonia Roy ; **p. 30** : Fabrice Besse - Stylisme Sonia Roy ; **p. 32** : fotolia/ElinaMannine
p. 33 : fotolia/Tobilander ; **p. 34** : Fabrice Besse - Stylisme Sonia Roy ; **p. 35** : fotolia/emmi ; **p. 36** : fotolia/luigi giordano ; **p. 37** : fotolia/gemenacom ; **p. 38** : fotolia/mbolina ; **p. 3**
fotolia/290712 ; **p. 40** : Fabrice Besse - Stylisme Sonia Roy ; **p. 42** : Fabrice Besse - Stylisme Sonia Roy ; **p. 44** : fotolia/didecs ; **p. 45** : Fabrice Besse - Stylisme Sonia Roy ; **p. 46** : Fabri
Besse - Stylisme Sonia Roy ; **p. 49** : fotolia/Alena Ozerova ; **p. 50** : fotolia/alexandre zveiger ; **p. 51** : Fabrice Besse - Stylisme Sonia Roy ; **p. 52** : fotolia/Alena Ozerova ; **p. 54** : fotol
annaia ; **p. 55** : fotolia/Maksim Shebeko ; **p. 56** : Marius Fabre ; **p. 57** : Fabrice Besse - Stylisme Sonia Roy ; **p. 58** : Fabrice Besse - Stylisme Sonia Roy ; **p. 60** : fotolia/yampi ; **p. 6**
fotolia/tiverylucky ; **p. 62** : Fabrice Besse - Stylisme Sonia Roy ; **p. 63** : fotolia/3darcastudio ; **p. 64** : Brisach ; **p. 65** : MCZ ; **p. 66** : Fabrice Besse - Stylisme Sonia Roy ; **p. 68** : fotol
Maksim Shebeko ; **p. 69** : fotolia/coco ; **p. 70** : fotolia/alexsokolov ; **p. 71** : Fabrice Besse - Stylisme Sonia Roy ; **p. 72** : fotolia/Colette ; **p. 73** : Fabrice Besse - Stylisme Sonia Ro
p. 74 : fotolia/Demian ; **p. 75** : fotolia/coco ; **p. 76** : fotolia/goodluz ; **p. 77** : fotolia/praisaeng ; **p. 78** : Fabrice Besse - Stylisme Sonia Roy.

Sources

www.consoglobe.com
www.toutpratique.com
www.marius-fabre.com
www.savon-noir.fr
www.monbicarbonate.fr

Remerciements

Un grand merci à Sylvie F.-F. et à Françoise F. pour leurs précieuses relectures.
À Amélie et Gaspard.

Direction d'édition : Thierry Lamarre
Textes : Isabelle Louet
Correction-révision : Viviane Fitas, Isabelle Misery
Coordination éditoriale : Either Studio, Laurie Montaz
Recherche iconographique : Either Studio
Mise en pages et couverture : Either Studio

Éditions Massin
Publiées par Société d'Information et de Créations - SIC
Une société de Marie Claire Album
10, bd des Frères-Voisin,
92792 Issy-les-Moulineaux Cedex 9 - France
Tél. 01 41 46 88 88
RCS Nanterre 302 114 509
Sarl au capital de 3 822 000 euros

ISBN : 978-2-7072-0906-1
N° Éditeur : 38369
Imprimé par G. Canale, Bucarest (Roumanie)
Dépôt légal : avril 2015
Réimpression : avril 2016
www.massin.fr